DON BOSCO
VERLAG

Elmar Gruber

Kreuzweg

Stationen des Lebens

DON BOSCO VERLAG

Die Deutsche Bibliothek – CIP-Einheitsaufnahme

Gruber, Elmar:
Kreuzweg : Stationen des Lebens / Elmar Gruber.
- 8. Aufl. - München : Don-Bosco-Verl., 2000
ISBN 3-7698-0725-1

verlags gruppe engagement

8. Auflage 2000 / ISBN 3-7698-0725-1

Umschlag: Felix Weinold, Schwabmünchen
Gesetzt in der Garamond
Gesamtherstellung: Don Bosco Grafischer Betrieb, Ensdorf

Gedruckt auf umweltfreundlichem Papier.

Inhalt

Kreuzweg beten – Kreuzweg gehen

„Nach Jerusalem gehen" – in diesem Wort ist das Werk Jesu zusammengefaßt. In Jerusalem hat sich das Entscheidende ereignet, was Jesus betrifft, was uns betrifft.

Seit dem Mittelalter wurde es üblich, den Kreuzweg Jesu betrachtend nachzugehen, um tieferen Anteil am Jesusgeschehen zu gewinnen, an seinem Tod und an seiner Auferstehung. Man wollte sich das Jesusgeschehen „ergehen", um innerlich dorthin zu gelangen, wo er ist.

Später hat man durch das Errichten von vierzehn Kreuzwegstationen die Möglichkeit geschaffen, sich gehend und betrachtend in das Leben und Sterben Jesu zu vertiefen.

Man kann den Kreuzweg *gehen,* den Weg bis in die Zehenspitzen fühlen, von Station zu Station: Denn in diesem äußeren, sinnenhaften Tun ist mehr Erleben möglich als in der bloßen innerlichen Betrachtung.

In unserer hektisch-nervösen Zeit kann es aber auch sinnvoll sein, wenn man einmal im Sitzen zur Ruhe kommt, die Stationen an sich vorüberziehen läßt und so „in Gang" kommt. Wer krank ist oder aus einem anderen Grund den Kreuzweg nicht gehen kann, ist ohnehin auf diese Betrachtungsweise angewiesen.

Das Kreuzweg-Gehen und Kreuzweg-Beten ist eine Möglichkeit, Jesus zu begegnen und zu fühlen, daß wir nicht allein sind mit unserem Leid. Seine Nähe gibt uns Kraft auf unseren oft so verfahrenen Wegen. Es ist gut, wenn man sich Zeit läßt beim Kreuzweg-Beten und Pausen einlegt zwischen den Stationen. Man kann auch beim Spazierengehen – allein und in der Gruppe – den Kreuzweg meditieren (ohne errichtete Stationen).

Vielleicht genügt schon eine Station zum Meditieren, oder der ganze Kreuzweg wird auf mehrere Tage verteilt.

Dieses Buch bringt zu jeder Station eine längere Betrachtung und ein Gebet. Wenn man den ganzen Kreuzweg in einem Ansatz betrachten will, können auch die Gebete allein genügen.

Die Gebete sprechen – im Gegensatz zu den Meditationstexten – in der „Ich"-Form; wenn eine Gruppe betet, können die Gebete leicht in die „Wir"-Form umgesprochen werden.

Einleitung

„Die Vögel haben Nester,
die Füchse Höhlen ...“,
du hast nichts –,
du warst immer „unterwegs“,
unterwegs bis zum Erliegen.

Du hast keine Partei gegründet
und kein System geschaffen.
Du bist in deinem Leben
einen Weg gegangen,
der eigentlich kein „Weg“
in unserem Sinne war.
Du hast dir keine Ziele gesetzt,
wie wir es tun.
Das Ziel wurde dir von anderen gesetzt.
Du hast dir das Kreuz nicht gesucht,
du bist nur nicht ab-gegangen
von deinem „Weg“,
auch dann nicht, als das Ziel,
das dir die Menschen setzten,
ins Blickfeld kam.

Es ist verständlich,
daß deine Freunde nicht verstehen konnten,
daß – und warum du leiden solltest.
Wir können es ja auch nicht begreifen,
wieso ein Weg, der zum Scheitern führt,
– ein Kreuzweg –,
ein Weg sein soll,
der Sinn hat, den es sich zu gehen lohnt.

Du zogst nach Jerusalem hinauf.
Da nanntest du den Petrus „Satan“,
weil er den Gedanken an dein Leiden nicht ertragen
konnte.

„Satan“ – weil er deinen Weg verneinte,
weil für ihn ein Weg, der Leiden bringt,
kein Weg war.

Der „gute Ausgang“
war für dich nicht entscheidend
bei der Frage nach der Richtigkeit des Weges.
Das Unterwegssein selbst war dein Ziel:
Unterwegssein zu den Menschen –
bis zum Letzten,
bis zum Erliegen,
das dir diese Menschen selbst bereiteten.

Nur gehen
und allen zeigen,
daß es die Liebe gibt,
daß Gott die Liebe ist.
Das ist dein „Lebenswerk“.

Dieses Ziel hast du erreicht
in jedem Augenblick
deines Unterwegsscins,
auch wenn wir es noch nicht erkennen.

Wir Menschen reagieren sehr oft anders,
als wir auf Liebe reagieren müßten!
Das macht aus deinem Weg den Kreuzweg.

Herr,
befreie mich aus der Verwirrung des Alltags,
schärfe meine Sinne
und gib mir waches Denken,
damit mir aufgeht,
wo die Wurzeln meiner Nöte liegen.

Laß mich dir in deinem Kreuz begegnen,
damit ich mit mehr Hoffnung
und in mehr Freiheit weiterleben kann.

Amen.

I. Jesus wird verurteilt

Du wirst verurteilt,
doch du selbst hast nie verurteilt.

Du hast dich zu Sündern
an den Tisch gesetzt
und mit ihnen gegessen.

Du hast alle
– Sünder, Kranke, Hungrige, Tote –
in deine Nähe gelassen
ohne Vorbehalt, ohne Bedingung.
Du hast sie angerührt
und dich berühren lassen.
Du hast sie angeschaut,
angehört und angesprochen.

Du hast gezeigt,
daß die Gebote
für den Menschen da sind
und nicht der Mensch für die Gebote.
Du hast niemandem gedroht;
dein „Wehe“ galt nur denen,
die andere bedrohten.
Du hast gezeigt
und erleben lassen,
daß Gott nur gut ist –
ohne Rücksicht auf die Menschen,
die das nicht vergönnen.

Deine Güte, deine Offenheit ist zum Anstoß geworden.
Deine Güte stört in dem Gefüge
von Ideologien und Gesetzen,
die von gnadenlosen Menschen
zusammengebündelt und gehandhabt werden.

Das Böse sucht nach Gründen,
um sich „mit Recht“ durchzusetzen
und die Liebe zu vernichten.
Pilatus urteilt,
wie andere beschlossen haben.
In seinem Herzen
ahnt er, wer du bist,
doch er tut das,
was „die Vernunft gebietet“.

In diesem Sinne
warst du nie vernünftig.
Dir ging immer die Liebe vor.
Darum wirst du verurteilt,
darum wird über dich der Stab gebrochen.
Wer liebt, muß damit rechnen,
daß er irgendwann verkannt, verurteilt wird.
Du wirst verurteilt,
weil du niemanden verurteilt hast.

Herr,
ich urteile und verurteile lieber,
als daß ich mich verurteilen lasse.
Meine Liebe hört da auf,
wo es unangenehm wird für mich.
Ich urteile und verurteile lieber,
wo ich lieben sollte,
und damit verurteile ich dich,
der nie verurteilt hat.
Du verurteilst auch mich nicht.
Hol mich vom Richterstuhl herunter
und laß mich lieben,
wie du liebst.

Amen.

II. Jesus nimmt das Kreuz auf seine Schultern

Das Verhör ist zu Ende.
Es ist offenbar geworden:
Deine Linie – die Linie der Liebe –
verläuft quer zur Linie der urteilenden Menschen,
die gewohnt sind, alles nach ihrem Denken,
nach Gesetz und nach System zu messen.

Liebe durchkreuzt
alles Begreifen der Vernunft;
sie handelt nicht aus Zwang von Logik und Gesetz,
sie ist selbst Ursprung ihres Handelns.

Gesetzesdenken und Vernunft
kennen nur ein „Richtig" oder „Falsch".
Die Liebe hat die Kraft,
die Gegensätze zu vereinen
und der Vernunft und dem Gesetz
Sinn zu geben.

Der Kreuzungspunkt vereinigt
die zwei ganz verschiedenen Linien:
das Entweder – Oder
wird zum Sowohl – Als auch.

Im Selbstbestimmen-Wollen
gehen wir Menschen oft zu weit:
Wir wollen *alles* selber machen
und in *allem* unabhängig sein.
Wir wollen unser Leben, unser Glück
nicht mehr *empfangen,*
sondern selbst in unseren Griff bekommen –
mit unserem Verstand und unserer Leistungskraft.

Das ist das Wesen aller Sünde:
Wir wollen unabhängig sein
und hängen uns ab von Gott, vom Leben.
Die „Vertikale“ ist zerrissen,
der Strom der Liebe unterbrochen.
Was wir jetzt aus unseren „abgehängten“ Kräften
tun und denken können,
bleibt leblos, hoffnungslos,
trotz aller Tüchtigkeit!
Es fehlt die Liebe,
die wir uns nicht selber geben können.
Wenn die Liebe fehlt,
wird alles Streben, alles Tun zur Sünde.

Die Punkte unserer liebe-losen Taten und Gedanken
bilden eine Linie,
die quer verläuft zur Liebe,
zur Vertikalen.

Du
hast unsere Sünden-Linie
durchkreuzt durch deine Liebe.
Du bist dieser Kreuzung
nicht aus dem Weg gegangen.
Du nimmst das Kreuz auf dich.

Wenn wir dich sehen,
wie du nicht fliehst,
wie du das Kreuz auf dich nimmst,
erleben wir, was Liebe ist –
und daß es Liebe gibt für uns.
Im Kreuz,
in deinem Kreuz begegnen wir der Liebe.
Wenn diese Liebe uns ergreift,
wird es geschehen,
daß auch wir in Liebe leiden –
uns „verleugnen“, verurteilen lassen können.

Wer liebend leidet,
trägt mit dir sein Kreuz
und ist nicht mehr allein.

Herr,
du bist in der Liebe treu und konsequent geblieben,
du bist nicht ausgewichen,
du gehst in deiner Liebe
nicht von den Menschen weg,
auch wenn sie dir das Kreuz bringen.
Du trägst es,
damit alle im Kreuz dir,
der Liebe begegnen können.

Nimm mich in dein Kreuz,
trage mich in deinem Kreuz –,
in meinem Kreuz.

Amen.

III. Jesus fällt zum ersten Mal

Du bist hingefallen,
du hast dir zu viel zugemutet
mit dem Kreuz.
Dein ganzes Leben war nur Liebe,
weil du die Liebe – Gott – bist.
Gleichzeitig bist du „nur"
ein Mensch gewesen.
Du hattest keine anderen Kräfte,
um deine Liebe zu verwirklichen.

In deiner Liebe hast du
unser Menschsein,
unsere Kräfte angenommen.

Jetzt bist du am Ende –
nicht mit der Liebe,
sondern mit deinen menschlichen Kräften.

Im Kreuztragen wird sichtbar,
was der Mensch
aus eigener Kraft vermag:
nichts!
Er bricht zusammen.

Die Schwäche reizt die Folterknechte,
sie entlarvt die ganze Macht des Bösen:
Von sich aus kennen Menschen keine Gnade;
sie brauchen, suchen Gründe,
damit sie ohne Hemmung hassen können.

Sie lassen dich nicht liegen,
damit sie dich noch länger quälen können.

So sind wir,
keiner von uns ist anders.
Wir haben nur gelernt,
unsere Gnadenlosigkeit
mit Wohlanständigkeit zu tarnen
und mit der „weißen Weste“ zu verdecken.

Nur wenn wir selbst am Ende sind
durch die Bosheit anderer
und selber nicht mehr weiter können,
kommt uns die Wucht der Bosheit zum Bewußtsein.
Dann wird aber auch dein „Fall“
für uns zur Nähe:
Wir finden dich,
der unser Schicksal teilt;
das gibt uns Kraft zum Weitergehen.

Herr,
du brichst zusammen
mit deinem Kreuz.
Die Kraft deiner Liebe kann das Versagen
deiner Körperkräfte nicht verhindern.
Du bist mir nah und fremd zugleich.

Ich spüre:
Wärst du nicht zusammengebrochen
und wäre ich nicht zusammengebrochen,
wir wären uns nie so tief begegnet –
wir Zusammengebrochenen.
Vielleicht muß ich noch oft
in vieler Hinsicht zusammenbrechen,
um wirklich weiterzukommen. –
Bleib mir nah
in meinem Elend.

Amen.

IV. Jesus begegnet seiner Mutter

Du begegnest deiner Mutter.
Sie muß, sie will dich sehen.
Du kannst ihr nur begegnen,
so wie du bist,
mit deinem geschundenen Körper.
In deinem Leid
wird nicht nur Liebe offenbar;
deine Wunden zeigen auch den Haß der anderen,
die Bosheit der Menschen,
die durch deine Liebe entlarvt wurden.

Als du noch sehr jung warst,
hat sie dich gefragt:
„Kind, warum hast du uns das getan?"
Und du mußtest ihr sagen:
„Wußtet ihr nicht,
daß ich in dem sein muß,
was meines Vaters ist?"

An dieser Situation
hat sich im Grunde nichts verändert.
Der Unverstandene und Unverstehbare
steht zwischen dir und ihr.
Und doch steht er nicht trennend zwischen euch:
Weil du seinen Willen tust,
und weil sie dich von ihm empfangen hat,
ist er es, Gott,
der euch in der Situation
des Nicht-verstehen-Könnens
zutiefst vereint.

Es gibt Einssein,
auch wenn wir vieles nicht begreifen können.
Wenn wir der Liebe dienen,
nicht dem Egoismus,
dann ist Begegnung möglich,
auch im Nicht-Verstehen.

Es ist schwer,
den, den man liebt,
leiden sehen zu müssen.
Wir bekommen Angst,
wenn ein Mensch, den wir lieben,
der uns anvertraut ist,
Wege geht, die wir nicht kennen.
In dieser Angst
werden wir oft mißtrauisch, hart und böse.
Wir schreiben ab, trennen uns,
lassen ihn nicht mehr „unter unsere Augen kommen",
wollen ihm nicht mehr begegnen.

Maria hat dich deine Wege gehen lassen.
Es waren Kreuzwege,
nicht nur für dich,
auch für sie.
Sie sucht dich auf,
nicht um dich „ab-zu-bringen",
sondern um dir nah zu sein.

Für Maria waren deine Wege
nicht als „Wege Gottes" offenbar.
Erst nach Ostern konnte sie mehr verstehen.
Maria mußte miterleben,
daß fast alle
das Urteil der Justiz und der Gesellschaft
für richtig hielten
und dementsprechend reagierten.

Aber weil sie dich, ihr Kind,
von Gott als Geschenk, als Gnade
empfangen hatte,
konnte sie auch glauben und vertrauen,
daß alle deine Wege
Wege Gottes sind.
Bei aller Fremdheit dieser Wege
konnte sie dir begegnen
als Mutter,
die durch Liebe mehr „verkraftet"
und „versteht" als durch Verstand.

Herr,
du warst deiner Mutter anvertraut vom Vater,
sie hat dich angenommen als Geschenk.

Gib, daß ich alle Menschen,
besonders die mir anvertrauten,
als Geschenk betrachte.
Gib mir das Vertrauen,
daß Gott alle Menschen führt,
auch wenn ich ihre Wege nicht verstehe
und für mich nicht akzeptieren kann.

Amen.

V. Simon hilft das Kreuz tragen

Sie zwingen Simon,
dir das Kreuz zu tragen.
Er kommt vom Feld,
da wird sein Weg durchkreuzt
von deinem Kreuzweg.
Ohne daß er es will,
kommt er zu deinem Kreuz:
ein Kreuzträger,
aber ohne Liebe.

Du mußt dir helfen lassen
von einem Menschen,
der dazu gezwungen wird.

Solche Hilfe erleichtert nicht;
sie ist peinlich,
sie belastet.
Sie trägt nur äußerliche Lasten
– du bist gewiß auch dafür dankbar.
Das eigentliche Kreuz, das Leid,
wird durch erzwungene Hilfe
nur schwerer,
dunkler.

Was du dem Simon geben könntest
– deine Liebe –,
kann er nicht nehmen,
solange er sich sträubt,
dein Kreuz zu tragen.

Wir können uns auch nicht freuen,
wenn unsere Wege, unsere Pläne
durchkreuzt werden
und wir gezwungen sind,
das Kreuz für andere zu tragen.
Es ist verständlich,
wenn wir unter solchem Zwang
und unter fremder Last
nur wünschen,
die Last so schnell wie möglich
abzuschieben.
Wenn wir aber bereit sind,
das Kreuz des anderen mitzutragen,
wird es ein Band,
das uns mit ihm verknüpft.

Angenommen:
Wenn Simon ja sagt
zu deinem Kreuz,
zu dem er hingezwungen wird,
wenn er seinen Weg durchkreuzen läßt,
dann wird er deine Liebe spüren und erleben,
daß nicht nur er dein Kreuz trägt,
sondern auch umgekehrt
du das seine.

In jedem Kreuz, das wir einem anderen
tragen helfen,
bist du uns nah
und nimmst unser Kreuz
auf deine Schultern.

Das Kreuz des anderen,
– dein Kreuz –
kommt uns meistens ungelegen.
Wir kennen deine Pläne nicht.
Darum ist es uns nicht möglich,

die Begegnung einzuplanen.
Wir möchten dein Kreuz zwar tragen helfen,
weil wir gut sein
und unsere „Liebespflicht“ erfüllen wollen.

Aber gerade jetzt geht es nicht!
Wir haben keine Zeit.
Später ginge es!
Doch jedes Später ist schon ein Zu-spät;
„später“ –
bist du schon gekreuzigt.

Vielleicht müssen wir noch viel
gezwungen werden,
bis wir begreifen
daß wir nur im „Jetzt“, im Augenblick
dir folgen können
oder nie.

Herr,
du kommst mir ungelegen,
ich bin nicht vorbereitet auf dein Kommen,
auf dein Kreuz.

Ich kann dir nicht begegnen,
obwohl du da bist,
obwohl ich schon dein Kreuz erfühle.
Hilf mir,
damit ich das bejahen kann,
was augenblicklich ist;
damit ich meinen Lebensweg
durchkreuzen lassen kann.
Gib mir Mut zum echten Helfen.

Amen.

VI. Veronika reicht Jesus das Tuch

Simon wurde gezwungen,
deinen Weg zu gehen
und dein Kreuz zu tragen.
Veronika – eine Frau –
tritt dir in den Weg
zu einem kleinen Dienst.
Dies ist keine „Dienst-Leistung“!
Sie tut es spontan,
ohne Menschenfurcht.
Ein Einfall,
der aus echter Liebe kommt.
Ein Zeichen
für ein ganz einfaches Verstehen
und menschliches Begreifen
deiner ausweglosen Situation.

In solchen kleinen Zeichen
ist die wahre Kraft,
die das Leid ertragen hilft.
Die kleinen Dienste sind oft mehr
als große Hilfsaktionen.
Sie tragen dein Zeichen,
dein „wahres Bild“,
dein Antlitz.

Dein Antlitz, das den kleinen Dienst besiegelt,
zeigt uns, worauf es letztlich ankommt:
auf unser Da-Sein,
auf die Offenheit,
mit der wir Leidenden begegnen;

daß wir uns das Leid zu Herzen gehen lassen.
Echtes Mitleid jammert nicht,
es fühlt sich ein,
nicht um den zu bedauern, der Leid trägt,
sondern um ihm ganz nah zu sein.

In deinem Leben
waren es nur Kleinigkeiten,
keine Großaktionen,
bei denen deine grenzenlose Liebe
und ihre Macht
zum Vorschein kamen.
Du sagst ausdrücklich,
daß wir in den kleinen Diensten,
die wir in wahrer Liebe tun,
dir begegnen.

In diesen kleinen Diensten
nimmst du uns an,
läßt du uns an dich heran
und schenkst uns deine Nähe,
in der wir selbst zu deinem Bilde werden.
Du forderst keine großen Taten,
dir genügen Kleinigkeiten.
Doch uns fallen diese Kleinigkeiten,
die sich aus dem Augenblick ergeben,
viel schwerer
als Protest- und Hilfsaktionen.

Manchmal sind die großen Taten
nur Flucht vor kleinen Forderungen.
Weil bei dir
schon der kleinste Dienst Gewicht hat,
kann jeder
mit den Möglichkeiten, die er hat,
dir dienen, dir begegnen.

Wer dir im Dienen nahekommt,
dem wird dein Bild vertraut,
an-vertraut.

„Veronika“ ist überall,
wo Menschen sich im Leiden beistehen.

Herr,
der kleinste Dienst,
der aus dem Herzen kommt,
wird von dir angenommen.
Gib mir den Mut
zum Dienen in Kleinigkeiten.
Gib mir echtes Mitleid,
damit mir einfällt,
worauf es augenblicklich ankommt
und wie ich meine Liebe zeigen kann.

Amen.

VII. Jesus fällt zum zweiten Mal

Wieder liegst du auf dem Weg.
Du gehst den Weg,
auch wenn du weißt,
daß er deine Kräfte überfordert.
Wer dich sucht,
findet dich immer unterwegs:
unterwegs zu den Menschen,
gehend – liegend – fallend – sterbend.

Wir erschrecken,
wenn du sagst: „Folge mir!“
Du versprichst „hundertfachen“ Lohn,
schon für jetzt.
Wenn es dann aber auch so kommt
wie bei dir?
Wo ist dieser „Lohn“,
wenn wir dich so liegen sehen?
Die anderen triumphieren!
Wie sollen wir die Kraft gewinnen
zu diesem Weg,
zu solchen Risiken?

Die Kraft zum Risiko
kommt erst im Riskieren.
Erst wenn wir unterwegs sind
und verzichten auf Forderungen, Bedingungen
und selbstgesteckte Ziele,
können wir diese Kraft erfahren.
Das Unterwegssein selber
wird zum „Lohn“,
zu unserem Lebensglück.

Die Kraft zum Leiden,
die Kraft der Liebe,
wird erst im Lieben mächtig.
Erst in der Liebe erfahren wir die Kraft,
nicht vorher.

Wo unser Weg durchkreuzt wird,
liegt das Risiko,
dort ist der „Einstieg“,
der Punkt, wo wir auf deine Spuren stoßen.

Wahrscheinlich müssen wir dir mehr
und viel bedingungsloser folgen,
um dies zu begreifen.

Wenn wir nur wissen,
daß wir auf deinen Wegen sind,
daß wir dort sind, wo du bist,
dann ist alles gut.

Wenn wir auf jemanden stoßen,
der nicht mehr weiter kann,
oder wenn wir selbst erliegen,
sind wir an der Stelle,
an der du gelegen bist,
an der du liegst,
an der „alles“ liegt.

Herr,
du liegst auf deinem Weg.
Ich will dir folgen,
doch ich habe Angst
vor dem Zusammenbrechen,
Angst vor dem Risiko.
Gib mir das Vertrauen auf die Kraft,
die erst im Augenblick der Liebe kommt
und meine Schwachheit überwindet.

Wenn einer vor mir liegt,
der nicht mehr weiter kann,
oder wenn ich selbst erliege,
dann laß mich deinen Ruf vernehmen,
der mich bewegt,
dir nachzufolgen.

Amen.

VIII. Jesus begegnet den weinenden Frauen

Diese Frauen weinen über dich,
weil du ihnen leid tust;
sie können dich nicht leiden sehen.

Es ist gut,
wenn wir es nicht ertragen können,
daß andere leiden.
Dieses Nicht-ertragen-Können
kann uns öffnen,
so daß wir den anderen verstehen lernen
und ihm begegnen,
wie dir Veronika begegnet ist.

Wenn wir nur weinen,
weil uns das Leid des anderen stört,
wenn wir das Leid des anderen
nicht teilen und mittragen,
dann helfen unsere Tränen nichts.
Im Gegenteil:
Sie bedürfen selbst des Mitleids.
Wir beweinen ja im Grunde nur uns selbst,
und nicht den anderen.

Durch Mitleidsgefühle
können wir uns sehr leicht selbst betrügen:
Wir verwässern unsere Situation
und die des anderen,
der uns in seinem Leid begegnet.
Wir lassen sein Kreuz – sein Leid – verschwimmen,
weil wir es nicht wahrhaben wollen oder können.
Taten, die nur dem Mitleid entspringen,
kommen allzu leicht nur uns selbst zugute:

Durch unser Tun,
das äußerlich wie Hilfe aussieht,
machen wir uns los vom Leid des anderen,
das unversehens unseren Weg gekreuzt hat,
und ziehen uns „anständig aus der Affäre“.

Mit den Tränen dieser Frauen
kannst du nichts anfangen,
sie sind dir keine Hilfe, kein Trost.
Sie kommen nicht aus innerem Verstehen.
Diese Frauen weinen,
weil sie leiden *wegen* dir,
doch nicht *mit* dir.

Du sagst ihnen,
sie sollen weinen über sich
und ihre Kinder,
nicht über dich.
Sie sollen die Menschen beklagen,
die deine Liebe,
– die wahre Liebe –
verkennen und verschmähen.

Herr,
ich bin geneigt, wie diese Frauen
beim Anblick fremden Leids
– bei deinem Anblick –
nur zu weinen.
Das Leid der anderen – dein Leid –
rührt mich an,
doch lasse ich mich nicht verändern.
Ich suche mich davonzumachen,
so „anständig“ und so schnell es geht.

Gib mir die Kraft,
damit ich bleiben kann
und das Leid des anderen klar erfasse.

Laß mich von Herzen
weich und gütig werden.

Amen.

IX. Jesus fällt zum dritten Mal

Immer wieder mußt du erliegen.
Immer wieder bist du am Ende.
Wann kommt das „letzte Ende"?

Du bist uns gleich geworden
in unserem ganzen Elend.
Von der Wiege bis zur Bahre
müssen wir immer wieder erleben,
daß wir „am Ende" sind.

Und jedesmal, wenn wir am Ende sind,
meinen wir:
Jetzt ist alles aus;
wir sind am Boden zerstört;
diesmal ist es am schlimmsten;
diesmal führt kein Weg mehr weiter;
in diese Nacht dringt kein Lichtstrahl mehr.

Wenn es dann doch wieder weitergeht
und wir wieder Hoffnung fassen,
müssen wir schon bald erleben:
Es kommt anders.
Enttäuschung, Krankheit, Mißerfolg, Verlust –
all das kommt wieder.

Wer kann uns da verübeln,
wenn wir nur mehr wünschen,
daß endlich alles aus ist?
Warum den Tod in Raten sterben?
Warum so viele Tode?
Warum so oft am Ende sein?

Du gibst uns keine Antwort;
du läßt uns nur dein Leiden sehen.
Du warst oft am Ende,
nicht nur die drei Male
auf deinem Weg zur Kreuzigung.
Erfolg und Mißerfolg,
Begeisterung und Ablehnung,
Verlassenheit, Verrat
und schließlich das totale Scheitern:
Das war dein Leben.

Von außen her gesehen
erscheint dein Leben genauso sinnlos
wie das unsrige,
eigentlich noch sinnloser;
denn du hast nur geliebt,
du warst der vollkommene Mensch.
Wenn wir scheitern,
dann liegt das auch an unserer Schuld,
an unserer eigenen Bosheit.
Du warst *nur* gut.

Durch dich hätten die Menschen
an das Gute glauben
und glücklich und zufrieden leben können.
Doch seit du gekommen bist,
ist unser Leid kaum weniger geworden.

Du hast die Liebe gebracht,
aber nicht das Paradies –
wie wir es uns erdenken.
Darum hast du keine Chance
und wirst verfolgt.
Wir Menschen sind so:
Wer nicht so ist und nicht so handelt,
wie wir es für gut und richtig halten,
der wird zu Fall gebracht.

An deinem Fallen,
an deinem „Fall“ wird offenbar,
wie wenig du in unser Denken paßt,
wie wenig unser Tun und Denken
bestimmt ist von dem Maß der Liebe.
Deine Gedanken sind nicht unsere Gedanken,
deine Maßstäbe sind nicht unsere Maßstäbe.

Wir brauchen ein neues Denken,
neue Maßstäbe –
deine Maßstäbe.
Wir brauchen Liebe,
damit wir das Leben – unser Leben –
richtig sehen können.
Dann könnten wir erkennen,
daß in jedem Ende
ein neuer Anfang liegt,
und wir wären nicht mehr am Ende.

Herr,
du teilst dein Leben ganz mit mir.
Du bist wie ich
immer wieder am Ende.
Meiner Vernunft erscheint ein solches Leben
einfach als sinnlos.

Laß mich mit deinen Augen
mein Leben sehen.
Gib mir Kraft,
daß ich nicht fallen muß,
sondern mich fallen lassen kann.
Laß mich in jedem Ende
einen neuen Anfang finden.

Amen.

X. Sie reißen Jesus die Kleider vom Leibe

Sie nehmen dir das Letzte.
In deiner Armut waren die Kleider wohl auch das einzige,
das man dir entreißen konnte.
Deine Nacktheit
zeigt uns deine völlige Armut.
Du hättest nicht arm sein müssen!

Du hast gearbeitet und gelebt
und wolltest nie etwas davon haben.
Du warst frei von jedem Haben-Müssen.
Du wolltest nur *sein,* dasein,
bei uns Menschen sein
und dich uns schenken.
Du wolltest uns nicht zeigen,
was du *hast* und was du *kannst,*
sondern wer du *bist.*

Die Kranken, die Sünder, die Gescheiterten
haben erlebt, wer du bist:
ein Mensch wie wir,
doch einer, der nichts für sich selber
haben und besitzen will
und deshalb restlos dabeisein kann –
dasein mit ihnen und für sie.

Weil du für dich nichts haben wolltest,
konntest du den Menschen wirklich nahe sein;
es war nichts mehr dazwischen.
In der Berührung mit dir
fühlten sich die Menschen verstanden und angenommen,
wurden gesund, lebendig, frei von Schuld, – glücklich.

Du bist der *wahre Mensch.*
In deinem Leben und Sterben
wird die vollkommene Freiheit sichtbar.
Diese Freiheit
eröffnet allen, die dir begegnen,
eine neue Lebensmöglichkeit.
Wir wollen frei sein,
doch wir sind gefangen
von unserem Haben-Müssen,
von der Sünde.

Nur mühsam,
unter vielen Trennungsschmerzen
und in kleinen Schritten,
können wir das Nicht-mehr-haben-Müssen,
das Verlieren
lernen.
Diese Schritte sind nur der Liebe möglich.
In deiner Nähe,
in der Berührung der wahren Liebe,
wird jeder schmerzliche Verlust
in wahre Freiheit umgewandelt.
Nichts geht verloren;
wir verlieren nur,
um neu und unverlierbar zu empfangen.

Dein nackter Körper,
der aus vielen Wunden blutet,
zeigt, daß du ganz Mensch bist.
Er zeigt, was Liebe dulden kann,
was Liebe geben kann.
Dein enthüllter Körper läßt uns sehen,
wie sehr du in dieser Welt bist,
aber nicht von dieser Welt.

Wer bist du eigentlich?
In deiner Entblößung,

in der „Ent-Äußerung“ wird es sichtbar:
Du bist allen Zwängen dieser Welt enthoben.
Du liebst uns ohne Zwang und Drohung.
Deine Liebe ist die „Lösung“,
die Lösung aller Probleme,
die „Er-lösung“!

Herr,
dein entblößter Körper
zeigt mir in letzter Wahrheit,
was Liebe, Freiheit, Leben ist.
Du bist der Spiegel,
in dem ich meine Unfreiheit erkenne.

Befreie mich von allem Haben-Müssen.
Laß mich in deiner Nähe lernen,
ganz in dieser Welt zu leben,
aber nicht von dieser Welt.
Laß mich von der wahren Liebe leben!

Amen.

XI. Jesus wird ans Kreuz genagelt und erhöht

Bis jetzt hast du dein Kreuz *getragen;*
jetzt wirst du eins mit ihm.

Das Kreuz wird dein Symbol.
Und umgekehrt wirst du,
entäußert und entblößt
von allem, was vergänglich ist,
der tiefste Inhalt des Symbols.

Wer nun ein Kreuz erblickt,
wird an dich erinnert;
und jeder, der an dich denkt,
sieht dich an deinem Kreuz.
Für jeden, der dich kennt,
ist das Kreuz
ein letztes und zugleich tiefstes
Zeichen der Liebe.
Jedes Kreuz ist *Andenken:*
an dich denken.
Wenn wir das Kreuzzeichen machen
oder mit irgendeinem Kreuzzeichen
in Berührung kommen,
werden wir an dich erinnert
und kommen in Berührung mit dir selbst.

Dein Kreuz,
genauer: Du selbst
wirst „als Kreuz"
aufgerichtet zwischen Himmel und Erde.
Was auseinander ist,
wird eins
in deinem Kreuz.

Du – die Liebe –, dein Kreuz
hat die Kraft, alles zu verbinden,
und wäre es so weit entfernt
„wie der Himmel von der Erde“.

Wir sind entzweit, entfremdet, isoliert,
gespalten in uns selber.
Abgründe überall:
zwischen uns Menschen,
zwischen Eltern und Kindern,
zwischen Mann und Frau.
Wir sind nicht im rechten „Verhältnis“.
Wir haben kein rechtes Verhältnis
zu den Dingen, zu den Menschen, zu uns selbst.

Deine Liebe, dein Kreuz
kann uns verbinden
und ins rechte Verhältnis setzen
zu allem,
zu dir,
zu Gott,
zum wahren Leben.

„Sei, heil’ges Kreuz, gegrüßet!
Du bist
die sichere Leiter, auf der wir zum Leben steigen,
die starke Brücke, über die wir durch die Fluten kommen,
das Siegeszeichen, vor dem der Feind erschrickt,
der Pilgerstab, mit dem wir nicht wanken und nicht fallen,
des Himmels Schlüssel, der uns die Tür zum Leben öffnet.“

Herr,
du bist eins geworden mit deinem Kreuz.
Dein Kreuz verbindet Himmel und Erde,
verbindet alles.

Verbinde durch dein Kreuz,
wo ich entzweit bin und verletzt.
Laß die Liebe in mir wirken,
damit ich heilen und verbinden kann,
wo ich Verletzung und Entzweiung
verschuldet habe.

Amen.

XII. Jesus stirbt

Du hast nicht sterben dürfen
in den Armen eines Menschen,
nur das Kreuz hat dich gehalten.
Das Kreuz, das deinen toten Körper trägt,
hat deine letzten Lebenszeichen aufgenommen.
Das Allerletzte, das du geben konntest,
dein körperliches Leben,
ist eingegangen in das Kreuzeszeichen.

Was ist das Besondere an deinem Tod?
Es gibt doch viele Menschen,
die ähnlich sterben müssen!
Meistens kann man den Tod von Menschen
leicht erklären durch natürliche Ursachen.
Die Erstursache deines Todes
ist deine bedingungslose Liebe.
Dein Tod wäre vermeidbar gewesen,
wenn du nur ein wenig
auf dich geschaut hättest.
Aber für dich war die Liebe
stärker und wichtiger als alle Todesgefahr,
als der Tod selbst.
Für die Liebe und ihre Glaubwürdigkeit
hast du alles in Kauf genommen.

Wir meinen immer
– in unserer Todesangst –,
deine Macht, die Macht der Liebe,
müsse sich darin erweisen,
daß sie das Sterben wunderbar vermeidet!

„Anderen hat du geholfen,
warum hilfst du dir nicht selbst?
Warum steigst du nicht herab vom Kreuz?“
Das wäre doch der Beweis dafür,
daß du stärker bist als alles,
stärker als Leid und Tod.
Du hast „auf Gott vertraut“,
warum läßt er dich hängen?
Alle, die vorübergehen, sehen,
wie Gott dich hängen läßt,
der du auf ihn vertraust!
Ist Gott doch ohnmächtig
gegenüber dem Bösen
oder ist er grausam?

So wird dein Kreuz zum Schrecken,
zum Skandal für den, der deinen Tod
mit der Vernunft ergründen will.
Wenn wir deinen Tod mit der Vernunft befragen,
ist die Antwort immer: Nein!
Du kommst für uns nicht in Frage.
Wenn wir uns deinen Tod
zu Herzen gehen lassen,
wenn wir uns einlassen
auf dich selbst,
auf dein Leben und dein Sterben,
dann können wir innewerden,
daß es letztlich nicht
auf das irdische Überleben ankommt,
sondern auf das „Hinüberleben“.

Um leben zu können,
brauchen wir die Kraft zu sterben.
Die Kraft zu sterben
ist die eigentliche Lebenskraft.

Wenn wir „mit dem Herzen sehen“,
kann das geschehen,
was sich im Hauptmann unter dem Kreuz
ereignet hat:
„Wahrhaftig, dieser Mensch
war Gottes Sohn!“

Wenn die Sonne erlischt
und alles dunkel und kalt wird:
Dein Kreuz leuchtet immer;
dein Kreuz hat ewiges Licht.
Wenn die Erde bebt
und wenn alles, was wir bauten,
einstürzt und vernichtet wird:
Dein Kreuz steht fest auf ewig.
Vorher hat die Erde dein Kreuz getragen,
als du mit deinem Kreuze wanktest;
jetzt trägt dein Kreuz
die wankende Erde.

Dein Kreuz ist das unvergängliche Ereignis
in der vergänglichen Weltgeschichte.

Wenn Menschen in der Liebe sterben,
kommt diese Wirklichkeit,
kommst du selbst
zum Vorschein.

Herr,
laß mich mit dem Herzen sehen,
damit mich dein Tod nicht schreckt.
Laß mich in deinem Tod Gewißheit finden,
daß die einzige, letzte und unvergängliche
Wirklichkeit, die es gibt,
deine Liebe, deine Güte – das Leben ist.

Mach dein Kreuz zum Licht,
das mein Leben in dieser Welt erleuchtet.
Laß mich in diesem Licht
hinübergehen zu dir.

Amen.

XIII. Jesus wird vom Kreuz abgenommen

Deine Mutter empfängt dich wieder,
ihren toten Sohn.
Erfüllt von Schmerz,
erfüllt von Liebe.
Sie ist dir nahegeblieben,
auch wenn sie dich nicht verstanden hat.

Unbegreiflich für unsere Vernunft
war dein Eintritt in diese Welt,
unbegreiflich war dein Leben,
unbegreiflich ist dein Sterben.
Maria bleibt dir nahe
über den Tod hinaus.
Sie hat dich verloren –
und doch:
Jetzt kann dich ihr niemand mehr entreißen.

Wir schreiben häufig unsere Toten ab;
wir suchen uns „abzufinden“,
wir wollen vergessen, was nicht mehr zu ändern ist,
wir verdrängen.
Dadurch töten wir die Toten noch einmal.
Die Rolle,
die die Toten in unserem Leben spielen,
wird immer unbedeutender.
Wir rechnen nicht damit,
daß uns die Toten etwas sagen,
etwas geben könnten,
weil unser Denken, Planen und Berechnen
nur auf lebendige Menschen eingestellt ist,
anstatt daß wir versuchten,
mit unseren Toten zu leben.

Ein Spruch
auf einem alten Friedhofseingang lautet:
„Begrabt die Toten
in eueren Herzen,
dann werden sie in eurem Leben
lebendige Tote sein!“

In der liebenden Nähe zu den Toten
verringern sich die Ängste vor dem eigenen Tod.

Die Toten zeigen uns,
was alles *nicht* wichtig ist im Leben,
worauf es letztlich *nicht* ankommt.
Denn bleiben wird nur das,
was wir an Liebe verwirklicht haben.

Liebend nimmt Maria
dich in den Schoß.
Wir kennen deine Mutter als die „Empfangende“.
Lilie, Kelch und offene Schale,
das sind ihre Symbole.
In der Antwort „Mir geschehe“
ist ihre Größe eingeschlossen.
Die Bereitschaft zu empfangen,
die Offenheit des Menschen,
das ist der Zugang Gottes in die Welt.

Maria war ganz offen für dich;
sie konnte dich als Kind empfangen.
Du warst die einzige Bestimmung ihres Lebens.
Jetzt empfängt sie dich als Toten.
Durch dich beginnt ein neuer Abschnitt ihres Lebens;
sie wird in neuer Weise mit dir leben dürfen.

*Herr,
dein toter Körper
ruht in den Armen deiner Mutter.
Voller Schmerz und voller Liebe
hat sie deinen Tod angenommen
und dich als toten Sohn empfangen.*

*Wer dich empfängt,
bekommt von dir den Sinn des Lebens.
Laß mich dich empfangen
in den Zeichen,
in denen du uns begegnest.
Gib mir Offenheit,
wenn ich einen lieben Menschen verlieren muß.
Laß mich mit meinen Toten
weiterleben.*

Amen.

XIV. Jesus wird ins Grab gelegt

Das letzte, was dir deine Freunde tun:
Sie legen dich ins Grab.
Mit deinem Grab ist zunächst alles zu Ende,
alle Erwartung,
alle Hoffnung auf ein Gottesreich.

Sie können nur mehr zu deinem Grab gehen. –
Und sie gehen zu deinem Grab,
„als eben die Sonne aufgeht“.
Und wieder kommt es anders,
als sie erwartet haben.
Sie suchen dich auf
als den geliebten Toten –
und finden dich nicht.
Dein Grab ist offen.
Nicht so, wie Menschen Gräber öffnen –
das erschreckt sie.
Sie suchen deinen toten Körper
und müssen darauf verzichten,
ihn zu sehen.
Am Grabe
müssen sie deinen Tod
ganz und restlos annehmen.
Sie müssen erkennen,
daß dein toter Körper,
der Erdenstaub,
jetzt nicht mehr wichtig ist.

Sie müssen ganz frei werden
von der Anhänglichkeit ans Alte, Verwesliche;
sie müssen die Vergänglichkeit bejahen,
dann sind sie offen
für die neue Begegnung,
die der Tod nicht mehr belangen kann.
Und du begegnest ihnen
neu, unverlierbar, unzerstörbar.
Deine Freunde können jetzt erkennen,
daß dein Tod nur Durchgang war,
damit dein Leben,
deine Liebe,
du selbst
in Unsterblichkeit und Unvergänglichkeit
erlebbar werden.
Das Licht der Auferstehung
kann nur aus dem Grabesdunkel kommen.
Das Neue kann nur dort entstehen,
wo das Alte für uns zu Ende ist.
Für uns Sterbliche
kann Auferstehung
nur im Tod entstehen.

Wir brauchen unsere Gräber,
nicht um Seelenschmerz sinnlos zu vertiefen,
sondern um den Tod allmählich anzunehmen
und zu verkraften.
„Er ist nicht hier" –
das ist die Botschaft eines Grabes,
das ist die Botschaft aller Gräber, –
die Botschaft, die wir nur am Grab vernehmen.

Im Grab ist Staub bei Staub,
Staub, der jetzt nicht mehr wichtig ist.
Das Nicht-mehr-Finden des Geliebten
ist der Anfang einer tieferen Begegnung.
Das Grab ist nicht das Ende eines Lebens,

es ist das Ende einer Lebensphase,
und zugleich beginnt dort eine neue
für uns und ihn, den wir beerdigt haben.

Wir lieben unsere Toten
und schmücken ihre Gräber
als „Geburtsort“ ihres neuen Lebens.
In ihrem neuen Leben
sind uns die Toten nahe,
noch näher als im irdischen.
Die Dunkelheit des Grabes
ist nur Schatten.
Schatten des ewigen Lichtes,
des ewigen Lebens.
Dieses Licht geht uns am Grabe auf.

Gräber sind Türen;
wenn wir davor stehen,
können wir erahnen,
was dahinter ist.

Herr,
nimm mir durch dein Grab die Angst
vor allen Schrecken des Todes.
Nimm mir die Anhänglichkeit an das Vergängliche.
Eröffne mir den Tod
als Tür zum Leben.
Laß mich am Grabe meiner Lieben
schon jetzt den Zugang finden
zur ewigen Gemeinschaft.
Laß mich im Dunkel meiner Gräber
dir, dem Auferstandenen,
begegnen.

Amen.

XV. Jesus ist von den Toten auferstanden

Du fehlst mir, Herr;
alles, was mir fehlt, bist nur du.
Du bist nicht mehr da, wo du warst:
dein Körper ist tot, leer,
wie der zerrissene Vorhang,
der nichts mehr birgt und verhüllt,
wie die verfinsterte Sonne,
die kein Licht mehr spendet.
Dein Körper
ist nicht mehr der Ort deiner Gegenwart.

Du bist fortgegangen,
nicht um uns zu verlassen,
sondern um uns neu und ganz anders
wieder zu begegnen.
Du hast die enge Grenze
deines irdischen Körpers überschritten,
um erhöht, von oben her,
allen Menschen zu allen Zeiten
zu begegnen.
Von oben her
sind unsere Grenzen aufgehoben.
Was du durch deinen vergänglichen Körper
den Menschen schenktest,
– bedingungslose Liebe, Nähe und Geborgenheit –,
willst du allen Menschen zu allen Zeiten
schenken.

Du willst mir begegnen
in den zeitlichen Zeichen des ewigen Lebens:
in der erwachenden Natur des Frühlings,
in der aufgehenden Sonne,
die die Nacht vertreibt,
im Licht, das die Finsternis verwandelt,
im Wasser, das alles Leben schenkt,
in der verwandelnden Kraft des Feuers,
das Licht und Wärme spendet,
in der Wolke,
die schwerelos verhüllend und enthüllend da ist
und doch nicht zu fassen ist.

Du willst mir begegnen
in der Nähe der Menschen,
die liebend mich berühren
und liebend mich beim Namen rufen.

Du willst mir begegnen
durch die Menschen, denen du schon
begegnet bist,
Menschen die mir Geschichten von dir
und ihre Geschichte mit dir erzählen.

Du willst mir begegnen
durch die Künstler,
die mir durch Bilder, durch Töne und durch Worte zeigen,
wie sie dich erschauen und erhören durften.

Du willst mir begegnen
und ganz in mir sein
durch Brot und Wein
und alle anderen heiligen Zeichen.

Du machst es möglich,
daß ich ganz in dir, mit dir und durch dich
leben kann.
Du –
Halt und In-Halt meines Lebens.

Herr,
erwecke die Zeichen deiner Gegenwart,
damit ich dir begegne.
Laß mich nicht müde werden,
immer wieder neu
dich zu suchen.
Mache auch mich
zum Zeugen deiner Auferstehung.

Amen.

Schlußbetrachtung

Herr,

du bist in deiner Liebe
uns in unserer Not begegnet.
Du hast uns spüren lassen,
daß wir nicht alleine sind,
wenn wir uns hilflos fühlen
und verzweifelt sind.

Du warst ohne Bosheit, ohne Sünde –
und hast aus freier Liebe unsere Not geteilt.
Du bist uns in allem gleich geworden:
im Leben, im Leiden und im Sterben.
Du bist nicht der Ganz-Andere,
sondern der Ganz-Unsrige, – unser Bruder.

Du teilst unser Leben, unser Schicksal,
damit wir dir schon jetzt begegnen können.
Wenn wir dir begegnen,
geht für uns die Sonne auf:
die wahre Liebe, das Glück, der Frieden.
Wie du unser Schicksal
ganz auf dich genommen hast,
so wird deine Herrlichkeit
die unsere sein.

Du bist nicht nur zu finden
in den guten Stunden unseres Lebens,
sondern auch im Leiden und im Tod.
Das Leid tut nicht mehr weh,
der Tod hat keinen Stachel mehr,
wenn deine Herrlichkeit darin erstrahlt.

Herr,
dein ewiges Licht,
die Sonne deiner Auferstehung,
leuchte mir.

Amen.

Der Herr ist wahrhaft auferstanden

Gedanken zur Auferstehung Jesu

Das Grab Jesu ist das Ende der irdischen, raum-zeitlichen Jesusgeschichte. Dieses Ende ist, wie jedes Ende, der Anfang eines neuen Geschehens: Jetzt wird das ewige, raum-zeitenthobene Wirken Gottes durch Jesus Christus bestimmend für die Jünger und für die ganze Menschheit. Tod und Auferstehung (Omega und Alpha, Alpha und Omega) sind die zwei Seiten dieses Wendepunktes. Die eine Seite, der Tod, ist uns zugekehrt; sie kann irdisch erfaßt und „festgestellt" werden. Die andere Seite ist uns nicht mehr direkt zugekehrt; ich kann das Überschrittsereignis vom Tod zum Leben nicht erfassen wie die irdischen „hiesigen" Geschehnisse. Der Auferstandene ist hier aber nicht „hiesig". Der Auferstandene kann sinnenhaft nicht mehr erkannt werden, weil er nicht mehr sinnenhaft ist. Der Auferstandene „geht auf" in der inneren Erkenntnisfähigkeit des Menschen, angeregt durch sinnenhafte Zeichen und Symbole, durch Erscheinungen und Begegnungen. Nicht nur die Auferstehung, sondern auch das Erkennen des Auferstandenen ist Tat Gottes. Die irdische, menschliche Erkenntniskraft reicht nicht aus, das nicht mehr Irdische zu beweisen.

Wäre Auferstehung irdisch beweisbar, dann wäre sie nicht geschehen! Auferstehung und der Auferstandene müssen gläubig „erschaut" werden. Dazu wollen uns die biblischen Ostererzählungen der frühen Zeugen und die vielen Symbole der Osterfeier verhelfen. Die Zeugen der Auferstehung sind historisch. Sie wollen durch ihre Erzählungen in uns den Weg ebnen, daß auch uns der Auferstandene begegnen kann.

1. Das leere Grab (vgl. Lk 24,1-12 u. par.)

Das Grab ist der letzte und der erste irdische Ort des Hinübergangs Jesu vom Tod zum Leben. Am Grab beginn der Prozeß einer neuen Begegnung mit dem irdisch Toten. „Was sucht ihr den Lebenden bei den Toten? Er ist nicht hier. Seht, da ist die Stelle, wo sie ihn hingelegt haben!" Ich muß den vertrauten Lebenden zunächst bei den Toten suchen, um zuvor die wichtige Erfahrung der Ablösung zu machen: Er ist nicht hier. Wenn ich weiß, wo er *nicht* ist und nicht zu finden ist, kann ich mich aufmachen und bereit sein zu neuen, ganz anderen Weisen der Begegnung. In jeder Trauerarbeit muß die Beendigung des Alten innerlich vollzogen werden, damit Neues möglich wird. Durch die Ablösung in der Trauer erst werden wir fähig für eine neue, innere, unverlierbare Beziehung zu unseren Toten. In der Gemeinschaft der Lebenden und Toten bauen wir einen großen Teil unserer Todesängste und Lebensängste ab.
Die Frage, ob der Leichnam Jesu verwest ist oder nicht, ist offen und muß offen bleiben; wir glauben ja auch an unsere Auferstehung, obwohl unser Körper verwesen wird. Gewiß besteht ein Zusammenhang zwischen dem verweslichen (irdisch körperlichen) Leib und dem unverweslichen Leib der Auferstehung, aber das Wie ist uns noch verborgen. Wichtig ist die Unterscheidung von „Leib" und „Körper". Wenn wir sagen: Jesus ist leibhaftig auferstanden, heißt das nicht: Jesus ist körperlich auferstanden. Paulus sagt: „Was gesät wird, ist verweslich, was auferweckt wird, unverweslich. ... Gesät wird ein irdischer Leib, auferweckt ein überirdischer Leib." (1 Kor 15,42 u. 44). Körperlich können Zeichen der Auferstehung sein, aber nicht die Auferstehung selbst. Die Zeichen wiederum sind aus sich nicht zwingend; sie sind keine objektiven Beweise. Erst durch die Tat Gottes und durch den Glauben der Menschen vermitteln sie überweltliche Wirklichkeit. Zeichen, Symbole, Bilder sind Medien, durch die sich Gott den glaubenden Menschen offenbart.

2. *Er trat in ihre Mitte* (vgl. Joh 20,19-23)

„Er kam bei verschlossenen Türen." Er kommt nicht von außen, sondern von innen. Die Frage des Wie bleibt wieder offen. Das parapsychologische Phänomen der Materiedurchdringung vermag das Wesentliche auch nicht zu erklären. Das Symbol Kreis und Mitte kann uns viel mehr sagen: Die durch Angst und Enttäuschung in Auflösung und Ratlosigkeit geratene Jüngerschar bekam wieder ihre Mitte, den tragenden Bezugspunkt: Jesus. Die Angst verwandelt sich in Freude. Wo echte Freude ist, ist immer Gott der Ursprung. Die Auferstehung Jesu wird hier erfahren als neue Identität der Jünger. Man kann erahnen, daß die Identität des Menschen, nicht nur des Christen, im weitesten Sinn mit der Auferstehung Jesu zu tun hat: Ein Mensch, der seine wahre Mitte gefunden hat, eine Gruppe, die ihre wahre Mitte gefunden hat, kreist um Gott, der sich in Jesus offenbart.

3. *Sie erkannten ihn, als er das Brot brach* (vgl. Lk 24,13-35)

Das Mahl als Zeichen der Anwesenheit Jesu: Ein Hinweis, daß heute wie damals im Zeichen des Mahles (Eucharistiefeier) der Auferstandene in Erscheinung tritt und von den Jüngern erkannt wird. Voraussetzung ist das „brennende Herz" und ein intensives Interesse an Gott und Jesus (an der Hl. Schrift). Wenn uns Jesus nicht oder nur schwach in der Eucharestiefeier spürbar begegnet, dann liegt das wohl an unseren kalten Herzen und daran, daß wir Gott zu wenig zum Mittelpunkt unseres Lebens machen.

4. *Als Gärtner* (vgl. Joh 20,11-18)

Die Liebende sucht den Geliebten und findet ihn nicht mehr. Sie begegnet einem Menschen, der sie an-spricht auf ihren Schmerz, – der sie an-hört in ihrem Schmerz und der sie schließlich in überwältigender Liebe beim Namen nennt. Jetzt weiß sie, in diesem Menschen ist ihr der geliebte Meister begegnet. Der Gärtner ist mehr als irgendein Mensch. Der Herr ist da „zum Anfassen“ in der Gestalt des Liebenden, aber nicht zum Festhalten. Es gibt keine Begegnung wahrhaft Liebender, die nicht zutiefst Begegnung mit dem Auferstandenen wäre. Und es gibt keine Begegnung mit dem Auferstandenen, die nicht Begegnung von Liebenden wäre.

5. Er wurde emporgehoben (vgl. Lk 24, 50-53)

Himmelfahrt ist Entgrenzung. Auch wenn Jesus nicht wie ein Luftballon zum Himmel aufstieg, so kann uns das Bild von der Ballonfahrt, vom Aufsteigen in die Höhe, viel von der Auferstehungswirklichkeit vermitteln: Vieles, was auf Erden getrennt ist, ist von oben her, nach dem Tod, vereint. Auf der Erde gibt es Grenzen, Zäune, Mauern, die einteilen und abteilen. Die Landesgrenze trennt die Völker, der Zaun trennt die Grundstücke, die Friedhofsmauer trennt die Toten von den Lebenden. Von oben her sind die Grenzen sichtbar, aber sie trennen nicht mehr. Von oben her habe ich überall Einblick; ich habe Überblick. Von oben her ist alles zugänglich. Der Auferstandene hat Zugang zu allen Menschen; er ist allen zusammen und jedem einzelnen gegenwärtig. Den Auferstandenen trennt nichts mehr von Gott und von allen Menschen. Wenn ich auferstanden und „erhöht“ sein werde, bin ich ganz bei Gott und bei allen Geschöpfen. „Auferstanden bin ich und bin nun immer bei dir.“ Für den, der an Auferstehung glaubt, ist der Tod keine Trennung mehr.

6. Jesus ist wahrhaft auferstanden, des bin ich Zeuge

Die Auferstehung Jesu wird erkannt in der Begegnung mit dem Auferstandenen. Diese Begegnung ist aber primär ein inneres Geschehen und somit kann die Auferstehung Jesu auch nicht vermittelt werden wie ein physikalischer, verobjektivbarer Vorgang. Der Auferstandene muß auch uns begegnen, damit wir an seine Auferstehung glauben können. Er kann uns entgegenkommen in der Begegnung mit den Menschen, denen er bereits begegnet ist. Dabei sind die heutigen Zeugen genauso wichtig wie die ersten Zeugen. Er begegnet mir auch in den Zeichen und Symbolen der Auferstehung und des ewigen Lebens in der Natur (Frühling) und in der Liturgie.

Verobjektiviert wird die Auferstehung Jesu durch den Dialog und die Gemeinde derer, die den Auferstandenen erlebt haben. Alle Menschen mit der Ostererfahrung können bekennen: „Der Herr ist wahrhaft auferstanden." Aber niemand kann dieses Zeugnis annehmen, ohne selbst Ostererfahrung gemacht zu haben. Ich kann die Ostererfahrung vorbereiten, indem ich immer wieder Ostern feiere und mich auf die Auferstehungszeugen einlasse.

Wenn dann aber das Osterereignis in mein Leben eintritt, ist es die Tat Gottes, der ganz persönlich in mein jetziges geschichtliches Dasein eingreift, so daß ich selber sagen kann: „Der Herr ist wahrhaft auferstanden, des bin *ich* Zeuge." Die Auferstehung Jesu wird geschichtlich durch die Zeugenschaft derer, die ihm begegnet sind. In der österlich feiernden Jesusgemeinde findet dieses Zeugnis seinen dichtesten Ausdruck.

Elmar Gruber im Don Bosco Verlag

Laß Schaf und Wolf zusammen in dir wohnen

Lebensbegriffe meditiert von Elmar Gruber

Der Weg zur eigenen Identität führt über die positive und kreative Bewältigung meiner Konflikte. Ziel ist die Selbstannahme mit all meinen Stärken und Schwächen. Es geht darum, daß Schaf und Wolf zusammen in mir wohnen. Helfende Orientierung geben dabei „herkömmliche" Werte und Normen der christlichen Moral und Ethik, z.B. die zehn Gebote, die Bergpredigt und die Grundgesetze des Lebens. Sie sind Gegenstand der meditativen Betrachtungen von Elmar Gruber und werden auf ihre immer gültige Bedeutung hin durchleuchtet, damit das Leben in größerer Eigenverantwortlichkeit gelingen kann.

80 Seiten, kartoniert, ISBN 3-7698-0672-7

Was mich im Leben und im Sterben trägt

Glaubensbegriffe meditiert von Elmar Gruber

Himmel, Hölle, Gnade, Sündenstrafe – das sind traditionelle Begriffe der christlichen Glaubenslehre, die vielen Christen heute fremd und bedeutungslos geworden sind. Theologische Wahrheiten müssen immer wieder neu, für die jeweilige Lebenssituation und für die jeweiligen Menschen erschlossen werden. Dieses Buch eröffnet Zugänge zu jenen Lebenswirklichkeiten, die vielen „alten" Glaubensbegriffen zugrunde liegen.

56 Seiten, kartoniert, ISBN 3-7698-0671-9

Der Rosenkranz

Stationen des Glaubens

Die Meditationen dieses Buches sprechen die wesentlichen Vorgänge unseres Menschseins an. Sie wollen dazu verhelfen, daß das Rosenkranzgebet tiefer, lebendiger und fruchtbarer wird. Auch wenn jemand keinen Zugang zum Rosenkranzgebet findet oder diesen gar nicht sucht, wird er durch diese Meditationen und Gedanken eine Unterstützung finden zur gläubigen Bewältigung seines Lebens. Eine echte Hilfe für alle, die den Rosenkranz – allein oder in Gruppen – beten oder anderen den Zugang dazu erleichtern wollen.

72 Seiten, kartoniert, ISBN 3-7698-0724-3

Wenn Gott im Menschen aufgeht

Leben aus der biblischen Botschaft

Die Bibel ist das Buch des Lebens. Sie hilft mir leben, wenn ich sie auf meine eigene Existenz beziehe. Denn die Bibel enthält alles, um das Leben hier bereits mit der wirklichen Freude zu erfüllen. Dieses Anliegen steht für Elmar Gruber im Vordergrund, wenn er über das Verstehen der Bibel nachdenkt. Dabei provoziert er in seiner ihm eigenen Art: Das Leben gewinnt seine eigentliche Bedeutung erst, wenn Gott im Menschen aufgeht, wenn mein Leben erfüllt wird von der Liebe Gottes.

64 Seiten, kartoniert, ISBN 3-7698-0717-0

Stärker als der Haß

Geistliche Übungen zu Schuld und Versöhnung

Der Sehnsucht des Menschen nach Geborgenheit und Glück steht die Wirklichkeit von Haß und Vergeltungsdenken gegenüber. Wer die Kraft des Hasses verwandeln will, braucht die Liebe, die den Haß überwindet: die absolute, unverlierbare Liebe. Elmar Gruber zeigt Wege, wie diese Liebe in mir aufgehen kann im Prozeß der Selbstverwirklichung aus dem Glauben.

100 Seiten, farbig gestaltet, gebunden, ISBN 3-7698-1086-4

Durch Finsternis ins Licht

Meditationen zu Leiden, Sterben und Auferstehen

Meditationen zu den Passionsdarstellungen des sog. Elffenaltars zeigen, wie Jesus in unser Leben treten kann, damit in unserer Finsternis von Konsum, Haß und Gewalt das „Licht des Lebens“ aufgeht.

76 Seiten, Farbfotos, gebunden, ISBN 3-7698-0781-2

Sonntagsgedanken

Betrachtungen und Gebete für alle Sonn- und Festtage

Der Sonntag hat für Christinnen und Christen seine besondere Bedeutung: Er ist Feiertag und setzt eine Zäsur im Alltag. Er ist ein Tag, an dem man sich Zeit nehmen kann zum Innehalten, Nachdenken und Meditieren.
Zu jedem Sonntag des Kirchenjahres beginnend mit dem 1. Advent meditiert Elmar Gruber eine ausgewählte Schriftstelle. Die Texte helfen, die Lesungen der Sonn- und Festtage besser zu verstehen und für das eigene religiöse Erleben fruchtbar zu machen.

Lesejahr A: ISBN 3-7698-1119-4; Lesejahr B: ISBN 3-7698-1177-1;
Lesejahr C: ISBN 3-7698-1249-2;
alle drei Bände: zwischen 272 und 336 Seiten, zweifarbig,
gebunden mit Lesebändchen